Dank an:
Meine drei BlackYard Freunde,
Christian, Philipp und Silvio, welche mir
stets mit Rat und Tat zur Seite standen.
Yvonne und allen, die an das Projekt
geglaubt haben und mich motivierten,
den ersten Band von The Fall
zu finalisieren.

Gisela, Eliane & Sandro
für das Korrekturlesen und
die Mithilfe bei den Texten.

Die Deutschschweizer Städte Zürich,
Luzern, Bern, St. Gallen und Winterthur
für das Comicstipendium 2015.
—
www.blackyard.ch
www.jaredillustrations.ch

Tintenkilby Verlag
c/o BlackYard GmbH

3. Auflage, Bern 2020
ISBN: 978-3-906828-34-3

© 2018 - Alle Rechte vorbehalten.

The FALL

KAPITEL 1–3

SZENARIO, ZEICHNUNG & FARBE
JARED MURALT

—

TINTENKILBY
VERLAG

IN DEN VEREINIGTEN STAATEN FÜHREN ANHALTENDE BLUTIGE AUSEINANDERSETZUNGEN ZU BÜRGERKRIEGSÄHNLICHEN ZUSTÄNDEN...

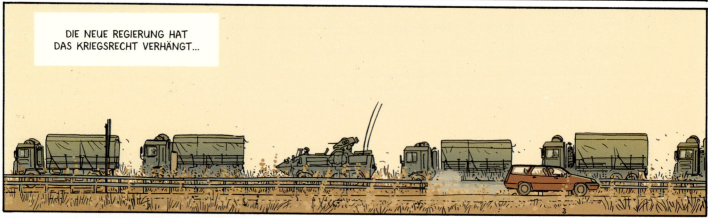

DIE NEUE REGIERUNG HAT DAS KRIEGSRECHT VERHÄNGT...

...UND NOCH EINE GUTE NACHRICHT ZUM SCHLUSS: DIE SOMMERGRIPPE, WEGEN DER SO VIELE VON UNS BEI DEM SCHÖNEN WETTER IM BETT LIEGEN MÜSSEN, SCHEINT SICH....

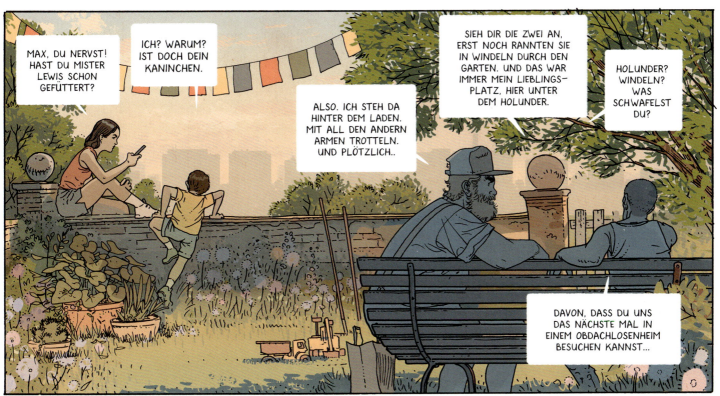

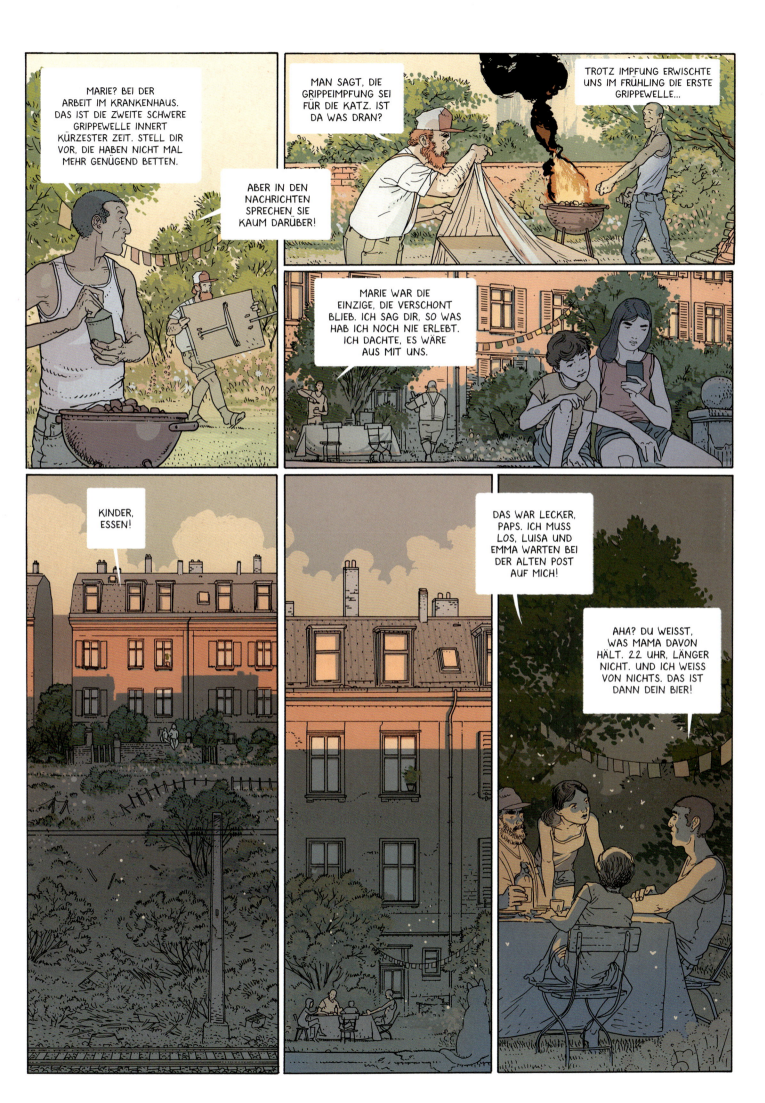

RIII RIIII
KRIII
KRIII

ZIRP ZIRP ZIRP
ZIRP
ZIRP

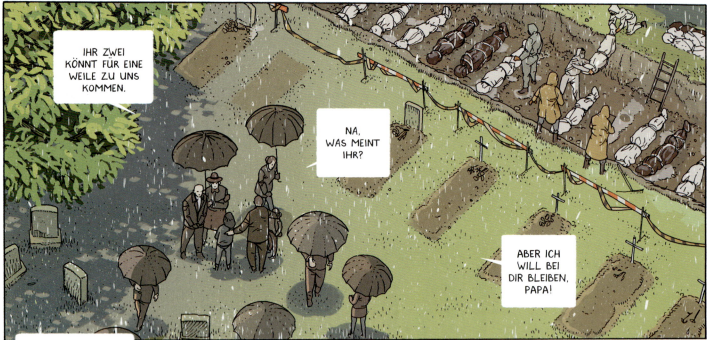

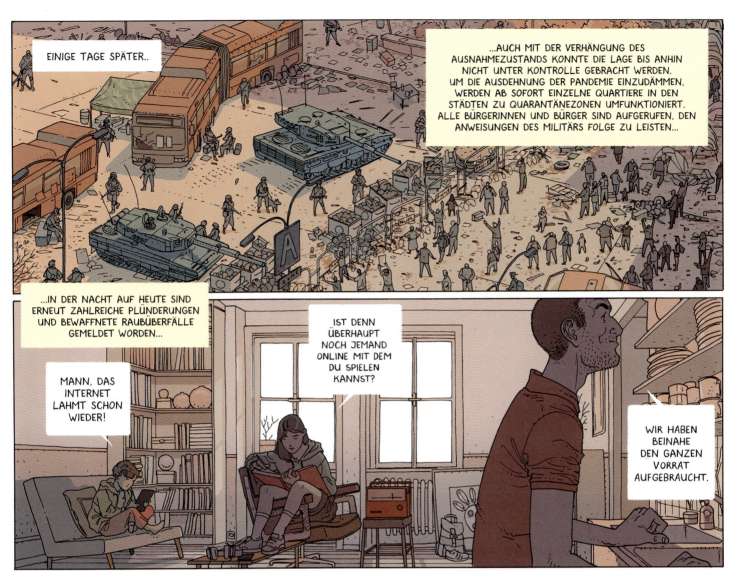

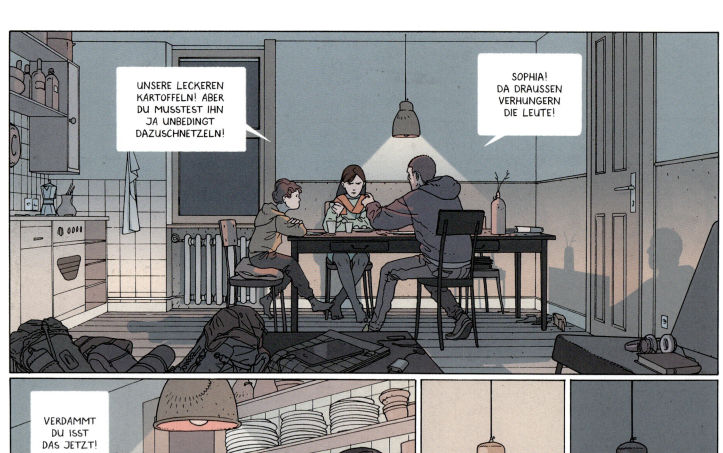

FORTSETZUNG FOLGT...

Cover-Illustration für «The Fall, Kapitel I»

Bleistiftvorzeichnung für das Cover von «The Fall, Kapitel I»

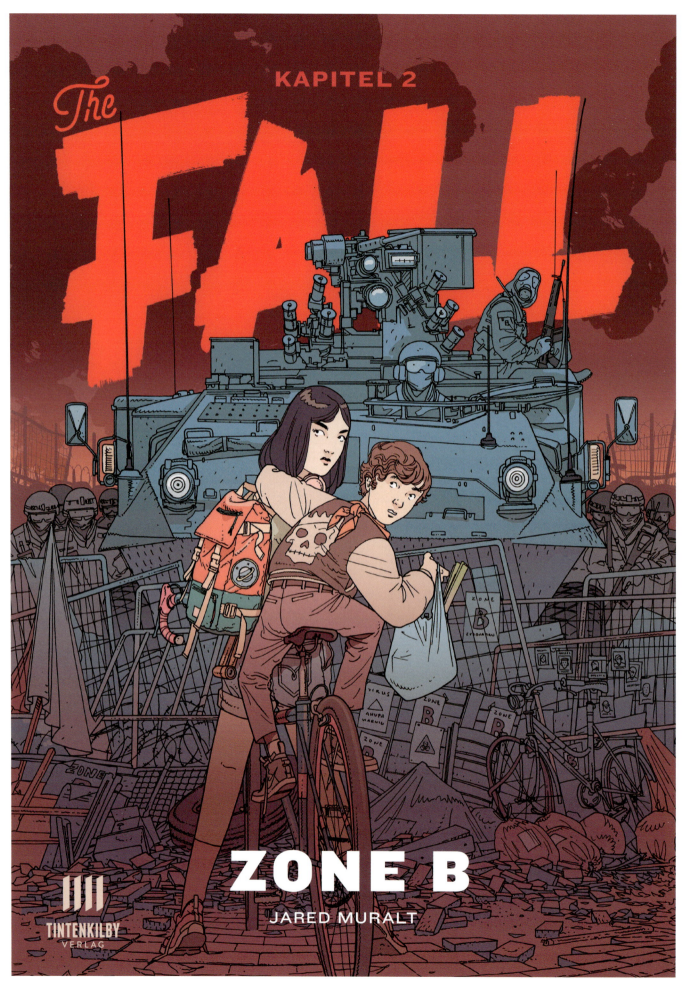

Cover-Illustration für «The Fall, Kapitel 2»

Frühe Skizzen und Bleistiftvorzeichnung für das Cover von «The Fall, Kapitel 2»

Cover-Illustration für «The Fall, Kapitel 3»

Bleistiftvorzeichnung für das Cover von «The Fall, Kapitel 3»

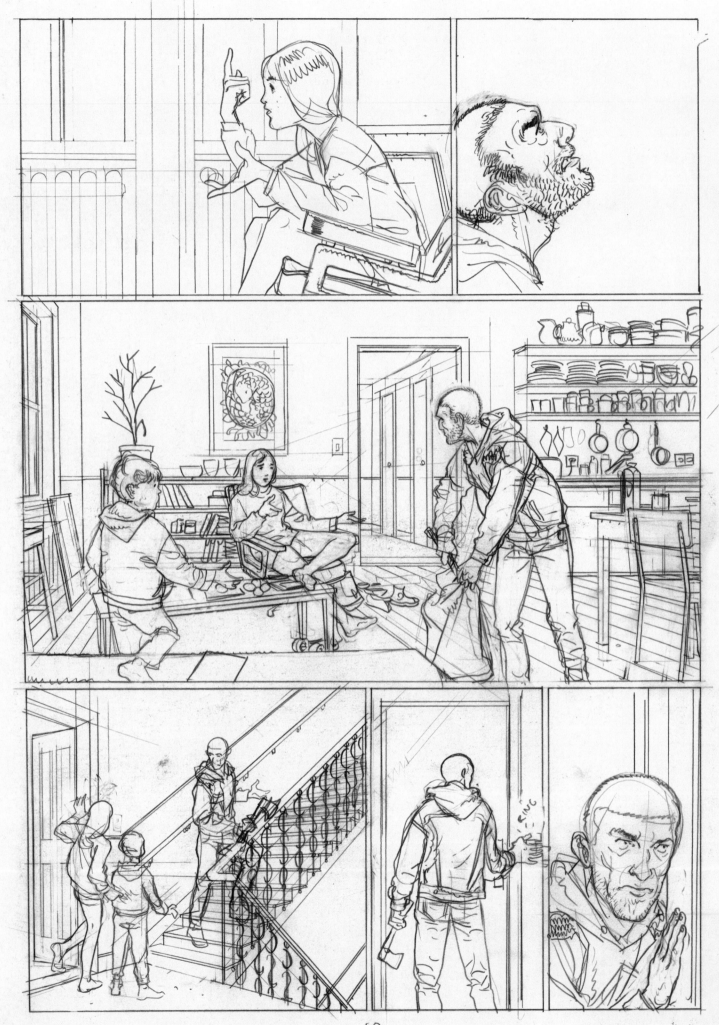